Kamrat, Salighet är vår sång

Kamrat, Salighet är vår sång
Josefina Báez
Maria P. Rodrick översättning
Foto av: Jorge Lara
Omslag av: Mabel Manzano

ISBN 978-1-882161-28-7

Kamrat, Salighet är vår sång

Josefina Báez

Maria P. Rodrick
översättning

Tillägnad

Min käre andliga lärare,

Swami Guru Devanand Saraswati Ji Maharaj,

Min familj,

Ay Ombe Theatre,

Los Constantes,

och

er.

Grammatiskt inkorrekt.

Helig värld Sekulär bön.

Full av Klichéer. Propaganda. Dansande Syntax.

Litania för min närvarande.
Monolog innan du dör.
Enkel. Förenklad.
Dagboks anteckningar.

Orsak kommentar överklagande.

Alla eller inga av de ovanstående.

Himmel på jorden under himlen

Hon det de
Han det vi

Politiskt inkorrekt.

Personlig. Subjektiv. Begränsad.
Utlåtande. Poetisk dröm. Fiktiva.
Ren propaganda.

Josefina Báez

"Gud, jag vet inte var någon av mina
familjemedlemmar befinner sig.
Men det gör du. Det tröstar mig"

Maria Pérez vda. Baez
(min mor)

Kamrat, Salighet är vår sång

Gud, Gud, Gud
Jag vet inte vart
någon i min familj
befinner sig. Men du vet.
Det lugnar mig.

Jag är en urban asket,
beslutar mina egna tillfälliga
löften och permanenta uppdrag;
en hängiven innevånare initierad här
mitt i Gotham
Jag är en nunna.
En icke-konventionell nunna.
En nunna med fördelar.
En nunna gift med
Harmoni. En nunna dansandes
det heliga med världsliga
riff. Klädd i snickarbyxor,
tätt kramad av min man.
Av min munk. Man. Munk.
Munk. Man. Munk.
Av min man... Jag

7

Identitet. I denti tät?
Identitet. En prioriterad
känsla som fotograferar
en nation.
Identitet. Flagga utan nation.
Identitet. En nation utan
flagga

Självkänsla. Bara känsla.
Själv känns jag. Själv Jag
Oräkneliga Jag. Själv Jag Själv Jag
SJÄLVbild, SJÄLVpåtaget
SJÄLVsökande, SJÄLVmedvetenhet
SJÄLVömkan, ömkan jag
SJÄLVmöten. JagSJÄLV

Återigen, inget nytt under
Solen. Inget nytt
under månen.
Gud inom är poet
Gudinnan inom är poet
med intention.
Är hon artist?

Jag kom fram till en tanke.
Inducerad, deducerad,
illuminerad.
Eller i den exakta stund då vingslag
av en fjäril stannar i ett land långt borta.
Fröet och blomningen
av min egen revolution.
Inte sponsrad. Inte televiserad.
Min egen rrrrrrrrr evolution.
Mer ofta än Ej.

Mer ofta än Ej.
Jag har alltid velat skriva
denna fras:
Mer ofta än Ej.
Jag vill säga det:
Mer ofta än Ej.
Eftersom jag har många ofta
men zillioner Ej.
N-Ej. Nötter. N-Ej. Nah. N-Ej.
kNutar.
Så många knutar att jag gjort
en stig av makramé.
Mer ofta än Ej.

Mer ofta än Ej.
Jag reser. Jag reser för att
upptäcka mer om mig själv, som
alla förskjutna, överlevande.
Som alla resenärer, överlevande.
Jag reser för att se
det jag ser hemma.
Jag tar trippen.
Trippen tar mig.
Jag är trippandes.

Jag har besökt fler paradis på jorden.
Men det var paradis på jorden
för jag var besökande.
Efter de besöken lovade jag mitt
liv en "besöker jorden" t-shirt.
Fortsättandes med turistens agenda...
om det glansiga fotot är skrapat lite,

blöder det.

Få av den lokala befolkningen kunde simma...
Himlen annonserade för
Hädanefter...
Var snäll och läs det som skärselden
levd av majoriteten i detta nuvarande liv.
Titta i ögonen på de festandes vykortsmänniskorna
fulla av ilska.
Hunger.
Ånger.
Sorg.
Länder exporterar vad de behöver.
Helgon och vise.
Arbetare och älskare.
Lärare och doktorer.
Länder exporterar vad
De behöver.
Andlighet.
Demokrati.
Diplomati.
Konstnärer och forskare.
Blommor och frukter.
Silke och diamanter.
Böner och magi.
Länder exporterar vad de behöver.
Vi lär vad behövs läras.
Under det att vi letar där ute finns det inom.
Jag tar trippen
Trippen tar mig
Trippandes

Det billigaste prispaketet, med alla
möjliga bekvämligheter och nationalsånger inkluderade.

Det är omöjligt att slappna av i
paradiset när även du förväntas vara en av de
festandes vykortsmänniskorna.
Men, när jag hör ordet tradition,
ursäkta, jag måste
springa till den andra sidan, bortom mil
på mil.
Paradiset på jorden och dennes...
traditioner.

Jag har mina egna traditioner.
Det har jag.
Inte färgglad, guld
En bild, perfekt folktro.
Inga vackra tyger att dö för eller
danser att leva efter
eller gungandes höfter, sanningar eller lögner.
Nej.
I min tradition, är andning
det enda uttryck att hålla sig vid liv.
Även du kan skriva under på detta.
Fejka det, fejka det, feeejka det
och dina lungor kommer att reagera
automatiskt.
Det är det hela. Kärnan.
Snart på en biograf så nära dig att du inte kan
undvika att andas.
För du kommer i praktiken att dö.

Jag tar trippen.
trippen tar mig.
Fortfarande trippandes.

Jag har migrerat sedan

födseln. Faktum är, immigration
blir exakt synbar först vid födseln.
Migrant. Migrera. Migrän.
Migrant migrän
Migration svepte snabbt hela
min existens.
Jag förflyttade mig från sekunder till
minuter till timmar till dagar
till veckor till månader till år och
år och år.
Migrerandes varje dag.
Dag till natt.
Natt till dag.
Jag har anlänt till för
många platser.
Många platser har jag lämnat.
Himlen, skärselden eller jorden,
Alla frågar samma frågor...
Var kommer du ifrån?
Jag kan inte placera din brytning.
Var var det du kom ifrån igen?
Var i hela friden ligger det?
Åhh namnet låter
Så sött- så exotiskt- så konstigt
så annorlunda från oss.
Himlen, skärselden eller jord
Alla frågar samma frågor...
Var kommer du från?
När åker du?
Vart ska du?
Som om en plats skulle
vara själva grejen.
Vad vore om jag skulle säga
att jag är DEN platsen, kommer, besökande,

på väg, till- av- från- på- i
Jag är den jag är.

Jag har en vän som har alla
Rumis samlade verk:
All publicerad, inspelad,
videoinspelad, filmad poesi.
Han kan till och med recitera många
av dikterna på original och även på de
bäst översatta språken.
Även mellannamnet på hans
barn är Rumi.
Han tar dock ingen notis om vår
egen Rumi som bor i ett hörn.
Han, vår Rumi, orerar i poesi sin
hemlöshets verklighet.
Han svänger sig i tunnelbanans pelare.
Han snurrar och snurrar, hämtar upp
och luftar sin trans.
Som en dervish.
Även en berusad.
På sitt sätt med och till Gud.
Också.
Jag kommer aldrig veta vad de andra
verkligen tänker, vet eller känner.
Och vise- versa. Alltid vise. versa.
Versa- vise. Vise. Versa.
Och igen, att veta är en meningslös strävan
när vi pratar om känslor.
Såklart.

Jag kanske också tar den lila kritan.
Eller så öppnar jag helt enkelt
dörren vars namn är det potentiella.

Strax efter det att jag gjorde sak av detta,
gavs jag en andra chans gällande alla mina beslut.
Förvånande nog tog jag samma beslut.
I detta nu, och utan tvekan, har jag inte
en gnutta av ånger i mig.
I den stunden svettades alla kanske
ut, de sammanknutna med ´kunde eller skulle ha varit´.
Slutligen identifierade jag DET i allt.
Eftersom klostret, gatan, kyrkan, festen, ashramet,
och mitt hem är alla det samma.
Inget behov att åka någonstans.
Allt är överallt.
All tid innehåller alla tider.
Speciellt nu då jag är mitt bästa sällskap.

All delning visade sig begränsande.
Öst och väst, med deras våldsamma välsignelse och
nedgången rikedom.
Nord och Syd, kung och passopp.
Så kallad iland, uland och tredje värld
förgiftad med saknade länkar och
stulna rättigheter.
Och överdosen av användande- återanvända- återvinning
våldsam ånger.
Den enda ärvda födslorätten i detta, i denna periferi,
är förmågan att göra sin missnöjda röst hörd.
Att sätta ord på oenighet betyder inte närmande av vettig
dialog,
inte heller en lösning.
Däremot kan man inte bli körd med i sak, ej heller
av ägarna till den inre kretsen.
Du vet.
Och de vet att du vet.
Men faktum är, min hyperindividualism började i mitt

kollektiva leverne.
Och så även mitt kämpande i adligt lärande.
Hädisk? Skändlig?
Vanhelga? Stötande?
Du måste driva med mig.
Mina ord, ohörda viskningar,
fångar inte ens myggans uppmärksamhet.

Universum fortsätter falla samman runt mig.
Ett speciellt där allt är som jag vill ha det;
som jag önskar.
Det är inte ett tillstånd av kondenserad mjölk,
lönn sirap eller melass av honung med brunt
socker strött över på toppen.
Nej.
Medvetenhet är triggern för att nå, med total övertygelse,
detta överträffliga utrymme.
Att hänge är verbet som används.

En blick över oceanen förundrade till förbleknad.
Och jag är den minsta av droppar.
Jag som del av dagg.
Dagg jag. Jag dagg.
Det är det minsta. Dagg.
Daggigt blev det. Där blev dagg.
Är det, dagg?

Vad jag gör i ytterlighet,
i smärta eller glädje
avslöjar mitt matematiska jämnmod

Jag trodde att det som varade längst var det sanna.
Men tid, som vi känner till det,
kan inte mäta sanning.

Tiden i sig själv är begränsad.

Verklighet är bestående.
Verklighet är det som består.
Det som är bestående, är Verkligt.
Då, lever min själ i verklighet.

All. All.
All rutin är min ritual.
Och ren potential...
min religion.

Om jag skulle berätta en sanning för dig.
En. Åtminstone en.
Räkna med min motsägelse.

Vad klargör egentligen livet?
Åt vilket håll rör sig livets dans egentligen?
En gudomlig koreografi för stundens skull?
Såklart.

Söndagar har sin egen rytm.
Spelar ingen roll var på jorden du befinner dig.
Söndagar har inte pass, visum, flaggor.
Inget för stället speciellt söndagsbeteende.
Söndagens språk pratas världen över.
Begripligt.
Och ingen är en söndagensexpert.
När jag blir stor vill jag bli en söndag.

Att ge upp är min enda dygd.
Och att betänka detta, min dödliga mekanism.

Jag mitt i min osäkerhet.
Fantastiskt.
Genialiskt.

… Talar volym.
Tystnad talar volym.

"Före den riktiga drömmen.
Före den förbestämda drömmen.
Före den bestående drömmen:
den salivdreglande mannen".
En titel.
Jag har just sett dig i mina drömmar.
Och aktivt levdes natten.
Du fanns i mina drömmar.
Vad händer nu då min kudde bara är en dekoration
på nattens inbjudan.
Var har du tagit vägen kärleken min?
Var gör du dig synbar nu?
I en annan dröm?
I ett annat liv som kvickt försvinner?
På en annan kudde full av tryck?
Tryck med för mycket blommor eller för mycket linjer.
Mitt hjärta, när förälskat, är stilla.
Stilla som precis i den stund då jag raderar ditt nummer.
Då jag verkligen kunde ditt nummer.
Och jag tillät dig göra ett nummer med mig.
Du kände till mitt tillstånds alkemi.
Sa du.
Och jag trodde du verkligen gjorde det.
Du sa det.
Är kunskap bestående?
Visdom är.
Räknas det om du för tillfället glömmer?

Eller när prioriteringar förändras?
I alla fall. Det var bara en dröm.
Varken dina drömmar eller ditt saliv är närvarande
på mina kuddar.
Gladeligen vet vi alla att juice händer, oavsett
vilket företag.
I alla fall, där är alltid närvaro i frånvaro

Jag såg dig.
Jag såg dig i solnedgången.
Jag såg dig.
Jag såg dig som en solnedgång.

"Den äkta drömmen".
Ännu en titel.
Kors och tvärs i livet,
jag hade också en kärlek en gång.
En dröm om kärlek.
En kärleksdröm.
Mina drömmars man.
Det var förutbestämt till minsta detalj.
Det förflutna och nuet lever;
enigheter och oenigheter;
favorit poesi; favorit mat, början, mitten och slutet.
Huvuden, händer, hjärtan och höfter i synk.
Och du vet att det är den rätta definitionen
av K Ä R L E K.
H syndromet.
H effekten.

Huvud- hand- höft och
hjärta i synk.
Jag borde börja från slutet.

Nu när det inte finns någon nostalgi.
Farvälbanketten innehöll kronärtskocka
och granatäpple.
Honung och mandel.
Fikon och dadlar.
Jasmin och rosor.
Han gick.
Eller gjorde jag?
Vi separerade långt efter vår tid var ute.
Han var bara en av mina välsignelser.
De nittio-nio andra knuffades tills det att hans
nåd flyttat in i alla mina porer.
Och älskandes mångfald skrevs permanent över hela mig.
Titta. Min kärleks tatuering.
I zenit av vår kärlek separerade vi.
De nittio-nio välsignelserna flöt in.
Tretton år av fulländad- ärlig kärlek
var förutspådd.
Levde. Levande. Ett liv. Levt.
… poesi nära och ärlighet i allt handlande.
Tystnad och ord har samma tyngd som kramar och kyssar.
Två olika människor drömde samma dröm,
samtidigt, i samma säng.
Det hände oss.
Ett omen sketchande farvälet.
Vårt privata var sammansvetsat.
Vår kärlek var bara för oss.
Bara under en bengränsad tid.
Astrologen som förutsett att han skulle komma skrev
om hans avsked.
En oärlig kärlek i hela livet eller den mest hela och
ärliga kärleken i tretton år.
Ingen hjärnskrynklare.
Ingen idé att vänta på nymånen för att bestämma sig.

Då berättade jag för dig.
Nu skriver jag dig, ge mig då bara tretton år av stor äkta
kärlek.
Samma dag jag träffade honom frågade han mig om jag
kunde
gifta mig med honom den dagen.
Jag sa till honom att jag inte hade tid men
att jag skulle trycka in det tre dagar senare.
Det är överenskommet.
Att trycka in?
Bröllopet och trycka in.
Tre dagar senare var vi gifta.
Sött tilltryckta också.

Kronärtskocka och granatäpple på bröllopsbanketten.
Dadelsirap och roseblad skapade drinkarna.

Den lärde John Coltranes *"Ballads"*.
På repeat.
Tillbedjande tystnaderna.
Jasmine blommor över hela oss.
Ett kärlekskontrakt skrevs:
Ärlighet över allt
Daglig fysisk kontakt
Ätande mer än bråkande
Leende och skrattande överflöd.
Snälla tala inte ditt språk när jag är upprörd.
För jag kommer genast glömma mitt resonemang med din
sång.
Det skriver jag under på.
Ingen får komma in i vårt hus- i vår säng- på vår semester- i
vår poesi.
Mina böcker är mina böcker.
Du får läsa dem.

Och vise versa.
Min musik är min musik…
Bra drömmar väcker mig med precisa dikter.
Granatäpplekärnor på min älskades bröstkorg.
Religion bevandrade naket.

Återigen inte en groda, inte en prins
utan en man. En man av sanning.
Genomskinlighet. Glädje.
En älskare av kärlek. Din kärlek.
Han är ditt sällskap till större delen av vardaglig tid
Tiden före och efter firandet av det euforiska.
Tiden före och efter lämnande och tårar.
Livstid.
Liv.
Han gick… Eller gjorde jag?

Man kan inte få all välsignelse på samma gång.
En av de finaste fördelarna kommer alltid vara att medvetet
bestämma vad man kommer sakna.

Det gjorde jag.

Jag har mer frågor än svar.
Tvekande utan att vara osäker.
Mognad med skratt.
Närmar mig min egen död med öppna armar.
Prioritet är bara en uppställning, inte av vikt.
Inget kändisskap antytt.
Ingen efterapad modefluga från teve
Så jag, vi fortsätter…

Jag sprang ända bort till världens ände.
Platsen där tid börjar slutar- börjar- slutar.

Och gissa vem jag fann?
Ja, mig själv.
Jag, jag, jag.
Mig själv och porten till Eventet Horisonten.
Jag kan inte förklara det bättre än versica.

Kvällens nymåne står i full blom denna tidiga morgon.
Kvällens nymåne väckte mig med en sång.
Sången sjöngs av många.
Många av oss helades... av en sång.
En politisk sång.
En sång av speciell politik.
Kronärtskocka.
Ja, kronärtskocka.
Bortanför rätt, vänster eller mitten.
Kronärtskockans politik.
Många löv på samma stam.
Fullständig hängivelse till en,
all uppmärksamhet till en i taget.
Och räkna alltid med ett enastående hjärta.
Kronärtskockans parti är min typ av parti käraste.

Kära kamrat Salighet.
Kamrat Salighet.
Salighet.
Salighet.
Kamrat.
Kära.
Kära Kamrat Salighet
Förra sommaren var jag kall
Kamrat.
Kära.
Kamrat Salighet
har du dansat naken?

Jag antar att du alltid dansar naken.
Du ÄR salighet.
Din dans klär upp dig.
Knäppt och blixtlåsts uppklädd.
Kamrat Salighet,
Jag såg en topless bar med ditt namn.
De gjorde reklam för happy hour.
Självklart... happy hour på Salighetens bar.
Inget mindre än happy hours.
Topless med mer på toppen.
Topp Salighet.
Salighetens topp.
Med bästa hälsningar...
Jag förblir.

Kamrat,

Frågan jag inte vill ha svar på ,
jag frågar i tystnad.
Danser jag inte vill någon annan skall dansa till
dansar jag i ensamhet.

Ikväll skall jag läsa en bok som inte
använder en enda asterix

Men innan det blev tyst,
mumlade av ett enkelstavigt ljud.
Du var redan i tystnad.
Jag drunknade fortfarande i ord.
Jag kunde inte hjälpa det utan log åt mig själv.
Skratta med mig själv.
Och gråta för mig själv.
Jag mindes tystnaden utifrån rädslan.
Okunnighetens tystnad.

Utelämnande tystnad.
Våldets tystnad.
Ilskans tystnad.
Tystnad vid nekande av tillgång till minnet.
Tystnad när förkylningen svepte sina ackord.
Tystand av mitt eget val.
Tystnad.
Tystnad.
Mycket tystnad.
Komplexitet. Ingen kompromiss.
Onåbar. Åtskiljd.
Allt hade tystnader.
Och jag hade alla dessa tystnader.
Och du kom med ord jag inte hörde.
Som du inte uttalade.
Tystnad mitt i allt oljud.
Tystnad eller början till ljud…
Du tystade dig själv.
Du tystade det.
Du tystnade.
Tystnad. Du.
Jag kunde inget annat göra än att älska dig.
Avguda dig.
Eller lära ditt sätt att älska.
Äkta kärlek.
Konstant kärlek.
I tystnad.
I tystnad är vi en.
En är i tystnad enhet.
En är.
Är i.
I tystnad.
Tystnad enhet.

En är
är en
en är
är i
i är
är en
i tystnad
tystnad i
i tystnad
tystnad enhet
enhet tystnad
tystnad enhet
En är i tystnad enhet.

Det är så sant, i den exakta
stunden av kärlek, vilar tystnad.
Kärlek i tystnad.
Tystnad i kärlek.
Älskande i tysthet.
I tysthet... kärlek.

Och i tystnad är vi ensamma.
Även ensamma tillsammans.
Ensamhet klär upp tystnaden.
Och vise vera.
Uppklädd tystnad klär ensamhet,
fakta sagd.
Versa- vise. Utan dygd
Med vise.
No Woman.No cry.
Alltid vise- versa.

Jag vill aldrig förlora min tystnad.

Ord kommer i vägen.
Speciellt när man pratar total tystnad.
Självklart.

Så många gånger som jag sagt att det var mitt
samvete som pratade; att det var mitt samvete som
hjälpte mig att bestämma både det ena och det andra.
Men mitt samvete reagerar med tystnad och stillhet mot
allt.
Till allt reagerar Hon med tystnad.
Orörd tystnad.
Formad tystnad fyllt med ljud.
... Och Stillhet.
Stillhet som innehåller alla rörelser.

Hörde jag då röster?
Det gjorde jag.
Jag hörde röster innan jag träffat Tystnad.
... från Tystnad rör jag mig mot... mot... mot...
Min röst.

Min röst är full av tystnad.
Gåendes hand i hand med dig,
Tystnad.... det vanliga ögat ser dig inte ens,
Det är den enda anledningen de kallar mig
änka i tystnad.
Och änkornas alla själar dansar tystnadens metafor.
Själar i själslig dialog.
Från tystnad till tystnad.

I tystnad hittade jag...
mer tystnad.

Tystnad...

Jag kan inte beskriva vår gemenskap,
Välsignelse är det närmsta.

Tystnad i sin renaste form.
Hjärtat i min kraft.
Kraften av hjärtat.
Ja, kraften....
tystnad

Mina ord har blivit klokare än
mina gärningar.
Enda sättet att balansera denna sorgliga historia,
Ja, jag hör dig.
Tystnad.

Josefina Báez (La Romana, Dominikanska republiken / New York).
Författare, artist, utbildare, fantast, teaterregissör.
Grundare och chef för Ay Ombe teater (April 1986).
Skaparen av Prestations Autology ©-kreativa processen bygger på självbiografi och "wellness av doer"; för ett kreativt liv och / eller livs skapa.
http://about.me/josefinaBaezAyombeT

Maria P. Rodrick (Sweden)
Violinist och agerande musiker utbildad i Sverige och USA.
Violinist på Malmö Opera.
Initiativtagare och konstnärlig ledare för "Bertha- A place for Art".
Studier i "Creative writing" vid Malmö Högskola.

Gramatically incorrect.

Holy word   secular prayer.
Full of clichés. Propaganda. Dancing syntax.

Litany for my present
Soliloquy before dying.
Simple. Simplistic.
Journal notes.

Plea   commentary   appeal

All or none of the above

Heaven   on earth   under the sky

She   it   they
He   it   we.

Politically incorrect.

Personal. Subjective. Limited.
Testimonial. Poetic dream. Fictional.
Tacky.
Cheesy.
No. Vega. Yes. Vegan.
Fruity.
Mere propaganda.

Josefina Báez

Comrade Bliss ain´t playing

¨God, God, God
I do not know where any member of my
family is. But you do. That comforts me¨.

My mother, Luz María Pérez vda Báez

I am an urban ascetic,
deciding my own temporary
vows and permanent quests;
an urban devotee initiated
right here in Gotham´s
midtown.
I am a nun.
A non-denominational nun.
A nun with benefits.
A nun married to Harmony.
A nun dancing the sacred with secular
riffs. Dressed in dungarees,
tightly hugged by my man.
By my monk. Man. Monk.
Monk. Man. Monk.
By my man...I

I dentity. I dent it why.
Identity. A prioritized
feeling that photographs
a nation.
Identity. Flagless nation.
Identity. A nation with
no flag.

Identity. A mere feeling.
Iden tity. I
Countless I. I I I I.
iperform, idance,
itele, you phone,
ianswer. I I I.

Again, nothing new under
The sun. Nothing new
under the moon.
God within is poet.
Goddess within is poet
with action.
Is she a performer?

I arrived to one thought.
Induced, deduced,
elucidated.
Or at the exact time when
the flapping wings of
a butterfly stopped in a
far away land.
The seed and blossom
of my own revolution.
Not sponsored. Not televised.
My own rrrrrrr evolution.
More often than not.

More often than not.
I always wanted to
write this phrase:
More often than not.
I wanted to say it:
more often than not.

Since I have many often
and zillion not.
Not. No. Nuts. Nah. No.
Knots. So many knots
that I have crafted a
macramé path.
More often than not.

More often than not.
I travel   I travel to
discover more about my
own self, as any
displaced, surviving.
As any traveler, surviving.
I travel to watch what
I watch at home.
I take the trip.
The trip takes me.
I am tripping.

I have visited paradises
on earth.
But they were really
paradises on earth
because I was just visiting.
After those visits, I granted
to my life its ¨visiting earth¨
bumper sticker.
Continuing with the tourist
itinerary…
if the glossy color photo is
scratched a little, it bleeds.
Few local people could swim…
Heaven advertised for the

Hereafter…
Please read it as purgatory
lived by the majority
in this current life.
Look at the eyes of the
smiley-Happy-party people
full of anger.
Hunger.
Anguish.
Sadness.
Countries export what
they need.
Saints and sages.
Workers and lovers.
Workers are lovers.
Lovers are workers.
Countries export what
They need.
Teachers and doctors.
Spirituality.
Democracy.
Diplomacy.
Artists and scientists.
Flowers and fruits.
Silks and diamonds.
Prayers and magic.
Countries export what
they need.
As we teach what we need
to learn.
As we look outside what
we already have within.
On the trip…
I'm tripping.

The lowest price package, with all
possible amenities and national
anthems included.
It is impossible to relax in
paradise when you are one
of the supposedly smiley-happy
-party people too.
But, when I hear the word
tradition, sorry, I must run
to the other side, miles
and miles away.
Paradises on earth and
their... traditions.

I have my own tradition.
I do.
Not colorful, gold
Picture perfect lore.
No beautiful fabrics to die
for or dances to live by
or hips swinging truths or lies.
No.
In my tradition, breathing
is the only expression to
keep alive.
And you too can testify
for that.
Fake it, fake it, faaake it
and your lungs will react
automatically.
This is it. The core.
Now playing at a theatre
so near you that you can't

wait to exhale.
'Cause you will practically die.

I take the trip.
The trip takes me.
Still tripping.

I have been migrating since
birth. In fact, migration
first comes visible exactly
at birth.
Migrant. Migrate. Migraine.
Migrant migraine
Migration rapidly wrapped
all my existence.
I move from second to
minutes to hours to days to
weeks to months to years
and years and years.
Migrating every day.
Day to night.
Night to day.
To too many places
I have arrived.
From many places I
have left.
Heaven, purgatory or earth,
All ask the same questions…
Where are you from?
I am not able to place your accent.
Where are you from again?
Where on earth is that?
Ohhh the name sounds
So cute-so exotic-so strange

'so different than us.
Heaven, purgatory or earth
All ask the same questions…
Where are you from?
When are you leaving?
Where are you going?
Like if a "place" would
be the thing.
What about if I tell you that
I am THAT place, coming, staying,
going, to-by-from-on-in
I am that I am.

I have a friend who has
Rumi's complete collection:
Every published, recorded,
videotaped, filmed verse.
He can even recite many
of the poems in the original
and best translated languages.
Even his child's middle
name is Rumi.
But he takes no notice of
our own Rumi living in the
corner.
He, our Rumi, rhapsodizes
in poetry his homelessness
reality.
He swings in the subway poles.
He circles and circles around
fetching and airing his trance.
As a dervish too.
Drunk too.

In his way with and to God.
Too.
I will never know what the
other really thinks, knows or feels.
And vice-versa. Always vice-versa.
Versa-vice. Vice. Versa.
Then, to know is a futile quest
when we talk about feelings.
Go figure.

I might also have that
purple crayon. Like Harold.
Or I simply opened that
door titled potentiality.
Soon as I materialized it,
I was given a second
opportunity in all decisions
that I have made.
Surprisingly enough I
made the same decisions.
Now, with no doubt, I do not
have an ounce of regret.
This instance sweated out
all maladies attached to any
'could or should have been'.
At last, I identify the IT in all.
Then, the convent, the street,
the church, the party,
the ashram and my home
are all the same.
No need to go anywhere.
Everything is everywhere.
Every time includes all times.

Specially now that I am my
best company.

All partitions proved themselves
limited. East and West, with
their violent blessing
and decadent wealth.
North and South,
king and servant.
So called first, Second or
Third world rightly intoxicated
with missing links and stolen
rights. And the overdose of
use-reuse-recycle abuse anguish.
The only birthright inherited
here, at the tangent, is
the ability to voice your
disagreement. Although voicing
the dispute does not mean any
step towards a decent dialogue,
let alone a solution.
But at least you cannot
be taken for a ride by other
marginals or the owners
of the circumference.
You know. And they know that
you know.
But really, my hyper-individualism
started from my collective living.
And so my battles from sacred
teachings.
Blasphemous? Sacrilegious?
Profane? Offensive?
You must be kidding.

My words, unheard whispers,
do not even fan a mosquito.

Universes keep unfolding
all around me.
There is one in particular
where everything
is as I desire; as I wish.
It is not a state of condensed
milk, maple syrup and molasses
over honey with brown sugar
sprinkled on top.
No.
Consciousness is the trigger
for reaching, with total assurance,
this splendid space.
To surrender is the verb used.

A peek on the ocean marveled
to evanesce.
And I am the tiniest drop.
Me as part of the mist.
Mist me. Me mist.
That's the least. Mist.
Mist did it. It did mist.
Did it, mist?

What I do in the extremes,
in pain or in pleasure,
tells you mathematically
my equanimity level.

I thought that what lasted more
was truer. But time, as we know it,

can not measure truth.
Time in itself is limited.

Reality is constant.
Reality is what is constant.
What is constant, is Reality.
Then, just my soul lives in reality.

Every. Every.
Every routine is my ritual.
And pure potentiality...
my religion.

If I should tell you one truth.
One. At least one.
Count on my contradictions.

What does life verify anyway?
Where does the dance of life
move towards anyway?
A divine choreography for the
sake of the moment?
Go figure.

Sundays have their own rhythm.
No matter where on earth
you are.
Sundays do not have passports,
visas, flags. Nor site-specific
behavior.
Sunday's language is worldwide
spoken.

Understood.
And nobody is a Sunday's expert.
When I grow up,
I want to be a Sunday.

To surrender is my only virtue.
And to dwell in it,
my lethal vice.

Me in the midst of uncertainty.
Awesome.

… Speaks volume.
Silence speaks volume

"Before the real dream.
Before the predicted dream.
Before the lasting dream:
the saliva drooling man".
A title.

I have just seen you in my dreams.
And actively the night was lived.
I had you in my dreams.
What happens now when
my pillow is just a decoration
in the invitation for the night?
Where have you gone lover
of mine?
Where are you making your
present now?
In another dream?
In another life that quickly

disappears?
In another pillow covered
by prints?
Prints with too many flowers
or too many lines?
My heart, while loving, is still.
Still like that moment before
erasing your number.
When I really knew your number.
And I allowed you to do that
number on me.
You knew the alchemy of my
present.
So you said.
And I thought you really did.
You said so.
Is knowledge a constant?
Wisdom is.
Does it count when you
momentarily forget?
Or when priorities change?
Anyway. It was just a dream.
Neither your dreams nor
your saliva are present in
my pillows.
Gladly we all know that
the juice happens, regardless
of any company.
Anyway, there is always
a presence in absence

I saw you.
I saw you in the sunset.
I saw you.

I saw you as a sunset.

"The real dream".
Another title.

Crisscrossing in life,
I too had a love once.
A dream of love.
A love dream.
The man of my dream.
It was foretold into
minute details.
Past and present lives;
likes and dislikes;
favorite poems; favorite food,
beginning, middle and end.
Heads, hands, hearts and
hips in sync.
And you know that that's
the most accurate definition
of L O V E.
The H syndrome.
The H effect.
Head-hands-hips and
heart in sync.
I should start at the end.
Now that there's no nostalgia.
The farewell banquet included
artichokes and pomegranates.
Honey and almonds.
Figs and dates.
Jasmine flowers and roses.
He went.

Or I did?
We separated long after
our time was due.
He was just one of my blessings.
The ninety-nine others were
pushed until his grace
inhabited every
one of my pores. And lover's
plenitude was permanently
written all over me.
Look. My love's tattoo.
At the zenith of our love
we separated.
The ninety-nine blessings
poured in.
Thirteen years of the most
complete-honest
love was predicted.
Lived. Alive. A Life. Lived.
...poetry at hand and
honesty in all actions.
Silence and words had the
same weight
as hugs and kisses.
Two different people
dreamt the same dream,
at the same time, in
the same bed.
It happened to us.
It was the omen sketching
the goodbye.
Our privacy was tight.
Our love was just for us.
For a limited time only.

The astrologer who predicted
his coming, wrote me a letter
about his going.
Or my going?
One dishonest lover for your
entire lifetime or the most
absolute wholesome honest
lover for thirteen years.
No brainer. No need to wait to
decide on new moon.
Right then I told you.
Right now I write, Just
give me thirteen years of
the greatest honest love.
The day I met him he asked
me if I could
marry him that day.
I told him that I did not
have time but could
squeeze him in three days later.
It's a deal.
The squeeze?
The marriage and the
squeeze!
In three days we were
married.
Sweetly squeezed too.

Artichokes and pomegranates
for the marriage banquet.
Dates syrup and rose petals
created the drinks.
Pundit John Coltrane's Ballads
on repeat mode

gracing the silences.
Jasmine flowers all over us.
A love contract was drafted:
Honesty above all
Daily physical touch
Loving more than eating
Eating more than fighting.
Smiling and laughing galore.
Please do not speak in your
language when I am upset.
'Cause I will immediately
forget my reasons with
your song.
I second that emotion.
Nobody is allowed in our
house-in our bed-in our
vacations-in our poetry.
My books are my books.
You can read them.
And vice-versa.
My music is my music...
Good dreams wake me up with
precise poems.
Pomegranate seeds on
my lover's torso.
Religion versed naked.

Again not a frog, not a prince
but a man. A man of truth.
Transparency. Joy.
A lover of love. Your love.
He is your company for the
most quotidian time.
Time before or after the

celebration euphoria.
Time before or after
departures and tears.
Life time.
Life.
He went... Or I did?

One can not have all the blessings
at the same time.
One of the finest options
will always be to consciously
decide what one will lack.

I did.

I have more questions
than answers.
Doubting without being
insecure.
Maturing with laughter.
Getting closer to my own
death with open arms.
Priority is just an order,
not an urgency.
No celebrity hints followed.
No televised fad imitated.
So I, we continue...

I ran all the way to the end
of the world.
The place where time begins
ends-begins-ends.
And guess whom did I find?
Yes, me.

Me, me, me.
Me at the threshold of the
Event Horizon.
I cannot explain it better than
versica.

Today's New moon is blooming
full this early morning.
Today's New moon woke
me up with a song.
The song was sang by many.
Many of us were healed… by a song.
A political song.
A song of a particular politics.
Artichokes.
Yes, artichokes.
Beyond right, left or center.
The artichoke's politics:
Many leaves on the same stem,
Full devotion to one,
all attention to one at a time.
And always count with an
exquisite heart.
Artichoke's party is my kind
of party dear.

Dear Comrade Bliss.
Comrade Bliss.
Bliss.
Bliss
Comrade.
Dear.
Dear Comrade Bliss
Last summer I was cold

Comrade.
Dear.
Comrade Bliss,
have you danced naked?
I guess you always dance naked.
You ARE bliss.
Your dance dresses you up.
Buttoned and zippered you up.
Comrade Bliss,
I saw a topless bar with your name.
They advertised happy hours.
Of course... happy hours
in the House of Bliss.
No less than happy hours.
Topless topmore.
Top Bliss.
Bliss tops.
With best regards...
I remain.

Comrade,

The question that I do not
want an answer to,
I ask it in silence.
Dances that I do not want
others to dance,
I dance them in solitude.

Tonight I am going to read a
book that does not
use even one asterisk.

But before silence sat in,
a monosyllabic sound was
mumbled.
You were already in silence.
I was drowning still in words.
I could not help but smile
at myself.
Laugh with myself.
And cry for myself.
I remember the silence
out of fear.
Silence of ignorance.
Silence by omission.
Silence by violence.
Silence by anger.
Silence when the memory
denied access.
Silence when a mere cold
wrapped my chords around.
Silence selected as
my own choice.
Silence.
Silence.
Many silences.
Complicity.
Not compromised.
Untouched.
Detached.
All had silences.
And I had all of those silences.
And you came with words
that I did not hear.
That you did not pronounce.
Silence in the midst

of all noises.
Silence or the beginning
of sound…
You silenced yourself.
You silenced itself.
You silent.
Silence. You.
I could not help but love you.
Adore you.
Or learn your way of loving.
Real loving.
Constant loving.
In silence.

In silence we are one.

One is in silence oneness.
One is.
Is in.
In silence.
Silence Oneness.

One is
is one
one is
is in
in is
is in
in silence
silence in
in silence
silence oneness
oneness silence

silence oneness

One is in silence oneness

It is so true, in the precise
moment of love, there is
silence.
Love in silence.
Silence in love.
Loving in silence.
In silence...love.

And in silence we are alone.
Alone together too.

Solitude dresses silence up.
And vice-versa.
Up silence dresses solitude,
fact in.
Versa-vice. With no virtue.
With no vice. No Woman.
No cry.
Always vice-versa.

I never want to lose my silence.
Never.

Words do get in the way.
Specially when talking
about silence.
Obviously.

So many times I have said
that it was my conscience
that talked; that my conscience
led me to decide this or that.
But my conscience reacts
with silence and stillness to all.
To all She reacts with silence.
Pristine silence.
Crafted silence filled with all
sounds...And Stillness.
Stillness containing all movements.

Was I hearing voices then?
I did.
I heard voices before I met
Silence.
... from Silence I go to...to...to...
My voice.

My voice is full of silences.

Walking hand in hand with you,
Silence...the ordinary eye
does not even notice
you, That's the only reason
why they call me the
widow in silence.
Silence 's widow.
And the souls of all widows
dance the epitomy of silence.
Souls in a sole dialogue.
From silence to silence.

In silence I found...

more silence.

Silence...
I cannot describe our bond,
Bliss is the closest.

Silence is the highest art.
The heart of my craft.
The craft of the heart.
Yes, the craft...silence.

My words have become
wiser than my deeds.
The only way to balance
this sad affair,
Yes I hear you.
Silence.

Josefina Báez (La Romana, Dominican Republic/New York). Writer, performer, educator, devotee, theatre director. Founder and director of Ay Ombe theatre (April 1986). Creator of Performance Autology©-creative process based on the autobiography and spirituality of the doer; for a creative life and/or life creating.
http://about.me/josefinaBaezAyombeT

Maria P. Rodrick (Sweden)
Violinist and acting musician educated in Sweden and USA. Working in Malmö Opera Orchestra.
Founder and creative director of "Bertha- A place for Art. Studies creative writing at Malmö högskola.